8° Z
LE SENNE
12288

PARALLELE

DE

NAPOLÉON-BONAPARTE,

ET DU

CARDINAL DE ROHAN,

Sur les Œuvres qu'ils ont pratiquées dans l'Etablissement Royal de l'Hospice des Quinze-Vingts;

SUIVI

D'un Discours adressé, à cet égard, à Sa Majesté LOUIS-LE-DÉSIRÉ;

Et d'un autre Discours au Peuple Français.

Par F.-B. GILLES.

Prix : 50 c.

A PARIS,

Chez L'Auteur, rue d'Argenteuil, N° 39.

1816.

PARALLELE

DE

NAPOLEON-BONAPARTE,

ET DU

CARDINAL DE ROHAN,

Sur les Œuvres qu'ils ont pratiquées dans l'Établissement Royal de l'Hospice des Quinze-Vingts ;

SUIVI

D'un Discours adressés, à cet égard, à Sa Majesté LOUIS-LE-DÉSIRÉ;

Et d'un autre Discours au Peuple Français.

———

PREMIÈRE PARTIE.

Le cardinal de Rohan, et Napoleon Bonaparte, tous deux, dans le cours de leur gestion, aussi ambitieux des richesses que jaloux de l'estime du monde, ont promulgué des projets d'une nature aussi magnifique qu'admirable aux yeux des hommes qui n'examinoient les choses qu'imparfaitement ; mais ceux qui les ont approfondis et appréciés ont très-bien, prévu qu'ils auroient, pour l'un et l'autre, des résultats aussi honteux que déshonorans.

La cause sensible des revers qu'ils ont subis dans leur entreprise, se découvroit dans ce qu'ils n'avoient pas pour appui la loi de Dieu, qui est la pierre angulaire de laquelle ils auroient dû faire usage pour asseoir leurs oppérations. C'est pourquoi la majeure partie de celles qu'ils ont faites, bien loin d'accroître leur prospérité, n'ont servi qu'à les conduire, tour à tour, à des humiliations les plus avilissantes, et à les ensevelir dans une captivité des plus funestes. C'est donc en vain qu'ils ont usé de leur génie perfide en déclarant une guerre affreuse aux pauvres malheureux, vu que Dieu, qui protège les affligés qui ont une parfaite confiance en sa bonté divine, a puni l'audace de leurs oppresseurs et les a totalement culbutés : puisse leur exemple saisir d'effroi et d'épouvante tous les hommes qui ont des pouvoirs supérieurs, et qui en usent dans un sens contraire à l'esprit de Dieu; car, depuis le premier magistrat jusqu'au dernier des habitants d'un pays quelconque, celui de ce nombre qui n'a point la crainte de Dieu, ne peut être qu'injuste par habitude, et méchant par inclination.

Je n'entreprendrai point de faire ici un tableau exact des fautes criminelles dont se sont rendus coupables les hommes que j'ai cités; il me suffira, pour en donner une juste idée, de mettre sous les yeux du public, un aperçu de celles qu'ils ont commises à l'égard des Aveugles membres des Quinze-Vingts.

Le premier a mésusé de la confiance de son Roi et des pouvoirs qu'il avoit dans les mains, pour augmenter les afflictions qu'éprouvoient ces hommes atteints de la cécité, et le second a mésusé de la puissance de son autorité à l'égard de son peuple dans la personne de ces mêmes infortunés.

Le premier de ces deux personnages qui ont figuré de la sorte dans cet établissement, est donc le cardinal de Rohan, qui jadis fut à la fois évêque de Strasbourg, landgrave d'Alsace, prince-électeur du S. Empire, grand aumônier de France, commandeur de l'ordre du Saint Esprit, proviseur de Sorbonne, membre de l'Académie française, et supérieur général des Quinze-Vingts.

Ce Prince, en 1780, par un sentiment aussi contraire à la charité chrétienne que spécialement opposé au caractère dont-il étoit revêtu, imagina le dessein de vendre la maison de ses administrés, que Saint-Louis, d'heureuse mémoire, leur avoit fait construire sur une portion de territoire appelée la *Garenne*, qui étoit situé rue Saint-Honoré, vis-à-vis celle de Richelieu; et afin de parvenir à ce but, il dressa un mémoire, qu'il fit imprimer, et par lequel il exposa, à Sa Majesté Louis XVI, l'intention où il étoit de vendre la maison de ses administrés des Quinze-Vingts, pour les loger dans un endroit où les locations étoient à meilleur compte, vû que, par ce moyen, il se proposoit de faire vivre non seulement les Aveugles des Quinze-Vingts sans aller à la quête, mais encore 300 autres de plus, auxqu'els il donneroit des pensions d'externes. Le Roi acqiesça à cette proposition, sous la condition que les fonds qui résulteroient du montant de la vente, seraient versés au trésor public pour en faire une rente perpétuelle à la corporation des Quinze-Vingts; mais ce prince ne déclara pas à Sa Majesté les injustices criminelles qu'il avoit dessein de commettre dans cette circonstance, dont l'ensemble des plus graves se porte au nombre de sept.

La première consiste en ce qu'il fut de cette maison vendeur et acquéreur tout à la fois, d'où il est facile de conclure, qu'il la vendit à son profit plus qu'à celui de ses administrés.

La différence est qu'il étoit vendeur tout seul, et acquéreur pour une portion d'un quart avec trois autres personnes que je ne désigne pas, qui concoururent avec lui pour chacune un quart à cette frauduleuse acquisition. Il vendit cette maison cinq millions à huis-clos; or, s'il l'eût vendu par affiches au plus offrant et dernier enchérisseur, il en eût donc retiré au moins dix, ce qui auroit produit aux administrés des Quinze-Vingts un revenu de cinq cent mille livres par année, au lieu qu'ils n'en ont eu que la moitié.

La seconde est qu'en sus de l'enclos qu'occupoient les membres des Quinze-Vingts, ils avoient encore d'autres maisons et terres dans plusieurs endroits de la campagne et divers quartiers de Paris, notamment deux maisons qui étoient situées rue Croix-des-Petits-Champs, qu'il a vendues à son profit, nonobstant qu'elles n'étoient point comprises dans la vente que le Roi l'avoit autorisé de faire.

La troisiéme est que la maison qu'avoient occupée les Mousquetaires noirs, rue Charenton, faubourg Saint-Antoine, qui appartenoit aux magistrats de l'Hotel-de-Ville, ce Prince leur a acheté cette maison pour loger ses administrés, mais ne leur a pas payé.

La quatrième, après avoir réuni auprès de lui différens membres des plus anciens de cette corporation, et leur avoir demandé combien la quête leur rapportoit; sur la déclaration fausse que l'un d'eux lui ce a fait qu'elle ne leur rapportoit que vingt sous par jour, il leur a fixé leur traitement pour tout à la valeur de cette somme par jour pour les célibataires, et à ceux mariés, il leur a ajouté six sous de plus pour leurs femmes, et aux pères de famille trois sous de plus par jour pour chacun de leurs enfants, depuis leur naissance jusqu'à l'âge de seize ans. Cette légère augmentation étoit nécessaire dans sa distribution, mais elle ne devoit pas empêcher qu'il leur continuât le paiement de leur pension de deux cents trente trois francs, qu'ils étoient dans l'usage de recevoir par année de leur administration, somme qu'il leur a fait perdre en totalité.

La cinquième consiste en ce que, à mesure que les membres sont venus à décéder, au lieu de pourvoir à leur remplacement, tandis qu'un grand nombre de pauvres malheureux aspiroient après, il a laissé leur place vacante pendant plusieurs années sans s'en occuper.

La sixième ; après avoir opéré la translation des membres des Quinze-Vingts, de la rue Saint-Honoré au faubourg Saint-Antoine, ce Prince a placé dans cet établissement, un individu auquel il a donné le titre de Gouverneur, et qui auroit eû besoin d'être gouverné lui-même, par la conduite immorale qu'il a tenue dans cet établissement, en faisant servir à ses passions les femmes et les filles d'une partie des Aveugles de cette maison.

Une personne de cet établissement s'en est plaint à un des courtissan de ce Prince : celui-ci lui a répondu, nous vous permettons de penser, mais nous vous défendons de parler ; parce que les premiers qui porteront des plaintes, soit contre le gouverneur, où contre les administrateurs, je les fouêterai avec des verges de fer.

La septième est que les pensions que le Prince avoit créées en faveur des aveugles externes, il les avoit divisées en 4 parties; ceux de la première recevoient 300 francs, de la seconde 200 francs, de la troisième 150 francs, de la quatrième 100 francs, et à chacun de ceux auxquels il accordoit une de ces pensions, il leur retiroit leur permission de demander leur vie, même à ceux à qui il n'accordoit que 100 francs, et par ce moyen il en mettoit beaucoup dans le cas de ne pas l'accepter. Pour éviter qu'aucun des administrés des Quinze-Vingts et des pensionnaires allassent à la quête, il s'étoit concerté avec le lieutenant de police pour qu'il ne laissât exercer la mendicité qu'à ceux des aveugles qui étoient possesseurs d'une permission émanée de son autorité et signée du gouverneur des Quinze-Vingts.

En 1785, je me suis fait recevoir en qualité de membre de cet établissement à la faveur d'une somme de 2000 francs, que j'y ai placée, sur la promesse qui m'a été faite par écrit dans mon acte d'admission, que je jouirois pleinement et paisiblement des droits attachés au dit hospice, vû que ce n'est qu'à cette condition que j'y ai déposé mes fonds à vie, pour la rente ne m'être payée qu'à raison de cinq pour cent.

Dans le mois d'août suivant, notre supérieur général à été arrêté par ordre du Roi et renfermé à la bastille, pour des causes étrangères à mon sujet, SA MAJESTÉ LOUIS XVI, nous a donné pour administrateurs provisoirs, quatre commissaires, hommes de bien, du nombre desquels étoient

M. de Marville et M de Dormesson, qui nous ont augmenté notre traitement de 4 sous par jour. Nous avons eû ensuite plusieurs administrations, ainsi que l'émission des assignats, et leur dépréciation, pendant laquelle ceux de mes confrères qui n'avoient aucune ressource étaient contraints de demander l'aumône; et ceux qui avoient du bien comme moi, ont été forcés de le vendre pour subsister. Quand les assignats ont été retirés de la circulation, l'on nous payoit en numéraire, la valeur d'un mois sur 4 qui nous étoient dûs.

Après avoir supporté un long retard de payement, dans le courant de novembre en 1797, j'eus connoissance que plusieurs de mes confrères s'étoient rendus auprès du chef de la seconde division du Ministre de l'Intérieur, pour lui demander quand nous pourrions recevoir, et que celui-ci leur avoit répondu, qu'il n'y avoit point d'argent, mais qu'il étoit à faire un rapport au ministre, tendant à nous faire donner du pain et de la viande. Comme je prévoyois que ce n'étoit qu'un faux prétexe dont-il se servoit pour s'enrichir à nos dépens, joint à ce que ce dessein étoit aussi contraire à nos intérêts qu'opposé à nos usages et aux promesses qui nous avoient été faites à tous par nos actes d'admission. A cet époque, j'adressois au ministre une lettre, dans laquelle je lui témoignois combien j'étois surpris de savoir que son chef de division s'occupoit de lui faire un rapport tendant à nous faire donner du pain et de la viande, que nous ne lui demandions pas de préférence à l'argent qui nous étoit dû. Parce que si le gouvernement, au lieu de nous payer notre traitement en totalité, ne pouvoit ne nous en payer que la moitié, ou le quart, qu'il vaudroit beaucoup mieux nous le payer en numéraire, vu qu'avec notre argent nous pourrions nous faire fournir nous-mêmes par celui qui nous serviroit le mieux; qu'il falloit sans doute que son chef de division eût espoir dans quelques présents de la part des fournisseurs pour agir de la sorte. Le ministre, beaucoup plus porté à prendre le parti de son chef de division que celui de la justice, m'a fait défendre de lui écrire davantage, sous peine de punition ; mais comme j'étois fort peu attaché à cette maison, où j'avois perdu les trois quarts de ma fortune ainsi que mon épouse, et deux de mes enfants dont il ne me restoit plus que mon fils ainé, je voulus voir dans cette circonstance à quel degré d'injustice que se porteroit ce magistrat corrompu, en lui écrivant une seconde dans le même sens ; surquoi il prit une décision par laquelle il autorisait l'agent des Quinze-Vingts à me renvoyer de cet établissement, sauf à ce que mon traitement me seroit conservé jusqu'à ce qu'il en fût autrement ordonné. Je sortis de cette maison vers le 4 janvier 1798, après avoir adressé à cet égard au Directoire 2 réclamations, auxquelles il n'a point répondu ; par lesquelles je l'avois prié d'examiner ma conduite, de même que celle du ministre, afin qu'il s'assurât par ce moyen, lequel des deux qui s'étoit le mieux conformé aux loix, mais les membres du Directoire s'attachoient plus à s'enrichir qu'à examiner si les engagemens pris par écrit entre les administrateurs et les administrés, étoient bien remplis ou non.

Ces hommes ne connoissoient ni piété, ni religion, ni justice; c'est pourquoi Dieu les a rejetés. Il reste dans les bureaux du ministre de l'intérieur plusieurs de leurs prosélites qui se conduisent encore avec les mêmes dispositions; c'est pourquoi ils doivent s'attendre bientôt à subir le même sort.

SECONDE PARTIE.

Bonaparte, en 1800, après avoir combattu victorieusement diverses puissances étrangères, sous l'apparence de favoriser le peuple Français, tandis qu'il n'avoit d'autres vues que son intérêt personnel; et s'être fait nommer Premier Consul de France par la force des bayonnettes : il a voulu ensuite combattre le bon sens, lorsquil s'est permis de violer les propriétés et les droits des gens. C'est ainsi que nous l'avons vu remporter des victoires sur la justice, et sur la raison, dont l'ensemble des plus infâmes consistent au nombre de sept.

(16)

La première est, qu'en 1801, sur les 250 mille livres que nous recevions annuellement du trésor public; il nous en a distrait cent mille francs.

La deuxième est que dans le courant du mois de mai, même année, sur les 24 sous par jour que nous recevions aux Quinze-vingts, il en a distrait le quart, et sur les 18 sous qui restoient, il en a fait payer 11 sous 6 deniers en nature, et 6 sous 6 deniers en argent.

La troisième est que les membres qui restoient dans la campagne et dans l'intérieur de Paris, ne recevoient plus que 6 sous 6 deniers : j'étois de ce nombre.

La quatrième est qu'en place des 6 sous que les membres des Quinze-vingts recevoient par jour pour leurs épouses, on leur distribuoit une livre et demie de pain, et aux pères de famille, pour leurs enfans, au lieu de trois sous par jour, une demi-livre

La cinquième consiste en ce qu'il a fait établir deux espèces de manufactures dont l'une de tabac, et l'autre de draps de laine, pour faire travailler les aveugles; ceux de nombre qui avoient de la force gagnoient passablement à moudre le tabac, mais plusieurs de ceux qui étoient trop foibles, qui ont voulu y travailler sont morts de fatigue. Ceux qui se sont occupés à carder de la laine, recevoient 15 sous par jour pour 12 heures de travail; et dans cet espace de temps, ils perdoient pour environ 3 francs de marchandises, leur infirmité ne leur permettant pas de voir si ce qu'ils faisoient étoit bien ou mal; et lorsque les employés de cette manufacture leur adressoient des reproches de leur ouvrage, et que ceux-ci leur opposoient leur infirmité, ils les faisoient renfermer en prison l'espace de sept ou huit jours de temps.

Aux aveugles qui travailloient sur le métier pour faire l'étoffe, on leur donnoit pour attacher leurs brins, un homme qui voyoit clair, et qui auroit pu faire l'étoffe lui-même avec plus de promptitude et de régularité; mais Bonaparte et ses prosélytes aimoient mieux qu'il fût donné de l'argent à des hommes qui voyoient clair, afin de s'en servir pour tourmenter ceux qui ne voyoient pas, puisqu'il a accordé un brevet d'invention de 1200 francs de pension au chef de cette manufacture.

Sixième victoire remportée par Bonaparte en personne.

Depuis que ce nouveau réglement a été mis en usage, les administrés ont adressé plusieurs mémoires à Bonaparte; mais comme il ne répondoit à aucuns et qu'ils persistoient à lui en envoyer; dans le courant de juillet, il est venu lui-même aux Quinze-Vingts ; c'est alors qu'il leur a parlé en ces termes. Il y a six cents braves aux Invalides qui ont perdu la vue en Égypte, je ne veux pas que vous soyez plus heureux qu'eux. » (il étoit aussi faux dans ses paroles qu'injuste dans ses actions) car quand même nous aurions reçu nos 24 sous complètement, nous n'aurions pas pu nous procurer le montant de ce que recevoient les Invalides pour leur nourriture, sans compter leur entretien à cette époque.

L'un des administrés lui a exposé qu'on leur avoit restreint leur paiement, pour les contraindre au travail, mais qu'ils étoient assez malheureux par leur infirmité sans être assujettis à d'autres peines. Bonaparte lui a répondu que l'intention du peuple Français n'étoit pas de souffrir des bras oisifs. (Il se servoit du nom de peuple François dans toutes les idées gigantesques que son imagination lui suggéroit.) Le même administré lui a exposé qu'il nous étoit dû 17 mois d'arriéré. Bonaparte lui a répondu : Vos arriérés vous seront payés, mais cette promesse n'étoit qu'effémère, vu qu'il ne l'a pas réalisée.

La septième : l'un des administrés qui étoit un homme à talent et très-instruit, ayant adressé à Bonaparte un nouveau mémoire dans lequel il lui exposoit de justes observations; (mais celui-ci n'étant point dans l'intention d'en entendre aucunes) donna ordre de l'envoyer prendre chez lui par deux gens-d'armes qui le conduisirent à la préfecture de police, où il fut en prison l'espace d'environ trois semaines; après quoi on le mit dans une charrette où il fut escorté comme un voleur, de brigade en brigade, jusqu'à son pays. Son épouse et ses enfans furent aussitôt renvoyés de la maison et rayés ainsi que lui des états de paiement. (Tels sont donc les exploits qu'a remportés sur nous ce militaire déguisé en Premier Consul de France.) Hélas! ce pauvre malheureux n'avoit point médité l'Ecriture Sainte pour être à portée de connoître la volonté de Dieu. C'est pourquoi il regardoit comme une chose minutieuse et indifférente, celle d'ajouter à nos malheurs, en nous faisant subir toutes les pertes et les peines qu'il nous a causées. Dans son égarement, il ne pénétroit pas que, avec nos yeux qui ne voyaient rien, nous étions plus forts que lui avec ses armées et ses canons, puisque nous avions pour protecteur celui qui commande à toutes les puissances de l'univers; c'est pourquoi ce monarque suprême qui est l'auteur de toutes choses, l'a fait descendre de la colonne sur laquelle imprudemment il s'étoit fait élever, et l'a chassé hors du territoire de France.

Quelques années après la visite désastreuse de ce Premier Consul aux Quinze-Vingts, je me suis démis de ma pension et du titre de membre de cette maison en faveur d'un père de famille, par une lettre du 9 décembre 1807, que j'ai adressée à son Excellence le Ministre de l'Intérieur, dans laquelle je me suis résumé par ces mots : « Quand même il ne plaîroit pas à votre Excellence » de recevoir à ma place le père de famille » que j'ai l'honneur de vons proposer pour » mon successeur, ma démission n'en seroit » pas moins formelle et irrévocable, mon » intention étant de ne vouloir vivre à l'a- » venir que du fruit de mon travail. », qui étoit de toucher du forté-piano au Champs-Élisés.

Dans le courant du mois de mai de l'an 1809, la permission que j'avois d'éxercer mon art dans cette promenade me fut retirée par la Préfecture de Police, sur une fausse interprétation de la loi rendue contre la mendicité, attendu que je ne mandiois pas, puisque j'avois sur la fausse table de mon forté, une corbeille pour recevoir l'argent des amateurs qui vouloient me payer, laquelle étoit attachée avec une chaîne dans l'intérieur de la boîte dudit instrument. Mais quand j'aurois demandé ou fait demander de l'argent à ceux qui venoient m'écouter, je n'aurois fait que ce que n'ont cessé de faire les joueurs d'orgues à cylindre qui font de la musique dans les maisons et dans les rues de cette ville. J'ai bien pensé que cette interdiction étoit une embûche qui m'étoit dressée par mes ennemis, qui se persuadoient que me voyant alors sans aucuns moyens d'existence, que je continuerois l'exercice de mon travail et que par cette inconséquence me livrant au désespoir je m'exposerois à me faire renfermer, mais je me suis prémuni contre leurs prestiges en me conformant aux desseins de la Providence;

Quelques temps après, j'ai obtenu un rendez-vous de M. le Préfet de Police que j'ai prié de me servir d'intermédiaire auprès de Son Excellence le Ministre de l'Intérieur, afin que ma pension, par ce Magistrat me fût restituée; mais il m'a répondu que cela ne le regardoit point. Ne sachant pas si mes ennemis entretenoient toujours leur même esprit de vertige à mon égard, j'ai adressé deux pétitions à Son Excellence le Ministre de l'Intérieur, mais ils les ont interceptées. J'en ai adressé une troisième aux Commissaires de Bienfaisance de ma division, par laquelle je les ai priés de s'intérésser pour moi auprès du Ministre de l'Intérieur, pour le prier de me restituer ma pension, ou les 2000 francs que j'avois sacrifiés pour l'obtenir, mais l'un d'eux s'en est chargé sur le faux prétexte de la communiquer aux administrateurs des Quinze-Vingts pour les engager de la faire valoir auprès du Ministre de l'Intérieur, tandis qu'au contraire il l'a remise au Sécrétaire de cette maison, qui s'est permis de la rejetter lui-même par écrit. Le Commissaire qui m'a fait part de cette réponse, m'a célé le nom de l'auteur, mais je l'ai reconnu par ses tournures de phrases. Cette finesse ressembloit à celle d'un homme dont l'esprit est aliéné, qui va se placer au milieu du soleil pour se mettre à l'abri des chaleurs de l'été. Ce Commisaire a fait un rapport à ses collègues qui étoit désavantageux pour moi, de manière que ces Messieurs qui ne me connoissoient pas, n'ont donné aucune suite à ma réclamation.

Le Commissaire trompeur a été évidemment puni de Dieu, vû que, peu de temps après, il a failli au point que, n'étant plus capable d'être admis à la société des gens honnêtes, il a été contraint de quitter celle de ses collègues, qui certainement sont des hommes partagés de la plus parfaite probité, et qui sont à la fois aussi favorisés de la fortune, qu'enrichis du plus grand mérite. Il seroit même à désirer que tous les hommes qui exercent des fonctions administratives en soient aussi dignes pour honorer le Prince qui nous gouverne et leur mériter à juste titre l'estime du bon Peuple français.

J'ai eu affaire dans plusieurs bureaux d'administration, où j'ai trouvé des employés extrèmement modestes et honnêtes, depuis les plus jeunes jusqu'aux plus avancés en âge, mais j'en ai rencontrés aussi qui par leur ton insolent m'ont paru être plutot faits pour ouvrir et fermer des portes de cavernes à voleurs, que pour être employés dans aucunes parties d'affaires publiques. Malgré le rapport défavorable qui avoit été fait contre moi aux Commissaires de Bienfaisance desquels je reçois des secours, ces Messieurs ne m'ont pas traité avec moins d'égard et de complaisance, vû que ce sont des hommes extrèmement bien nés pour l'exercice de la Charité Chrétienne, pas leur patience et leur douceur envers les pauvres, et la manière dont ils leur parlent avec amitié et avec bonté. Je voudrios pouvoir en dire autant de plusieurs autres administrateurs, vû qu'il est plus naturel à mon cœur d'adresser des louanges aux hommes qui m'édifient par leurs bonnes œuvres, que des reproches à ceux qui me scandalisent par leurs mauvais procédés, tel qu'un des administrateurs des Quinze-Vingts, chez lequel je me suis présenté pour en obtenir audience, et qu'après avoir entendu proférer mon nom, m'a fait dire par sa domestique, qu'il n'y étoit pas, je suis assuré qu'il y est, lui répliquai-je, par le portier et plusieurs autres personnes. C'est vrai, m'objecta-t-elle, mais il m'a dit qu'il ne vouloit pas vous parler, alors je me suis conformé à cette réponse.

Un homme de bien dont j'ai l'honneur d'être connu, après m'avoir interrogé sur ma position, et lui avoir donné les renseignement qu'il désiroit, m'engagea de lui faire une pétion que je lui addressai, de nature à être présentée au Ministre de l'Intérieur; mais il l'a remise a un des administrateurs des Quinze-vingt, qui en fit par au directeur de cette maison, qui osa la réfuter ainsi que l'administrateur lui-même, nonobstant qu'ils n'en avoient le droit ni l'un ni l'autre. Le même protecteur, s'est chargé d'une deuxième pétition, que j'ai eu l'honneur d'adresser à Monseigneur l'Archeveque de Reins, Grand Aumônier de France, en date du 23 fevrier 1815, qu'il a remise à son secrétaire, ainsi qu'une copie de mon titre des deux milles francs que j'ai déposés dans cette maison lors de mon admision. Mais cette pétition a été sans effet de même que les précédentes, ce qui ne m'a point surpris vû que Monseigneur le Grand Aumônier, de même que son secrétaire, auront pû être prévenus contre moi, ainsi que l'ont été les autres administrateurs qui ne me connoissent pas, puisqu'ils n'ont été admis aux Quinze-vingts que depuis que j'en suis sorti. C'est donc par les suggession perfides de leur secretaire, dont le caractère présente une conduite diamètralement opposée à celle qu'exige l'esprit du Gouvernement actuel. Ce secrétaire, avant d'être admis aux Quinze-vingts, étoit un employé réformé de l'hospice de Bicêtre; lequel a été introduit dans la place qu'il occupe, par le chef de la deuxième division des bureaux du Ministre de l'Intérieur, à qui j'ai reproché les pertes qu'il m'a fait subir, ainsi que je l'ai fait voir dans la première partie de cet ouvrage page 12, ligne 14, et lui avoir fait avoir 3000 francs d'appointements, tandis que son prédécesseur n'en recevoit que 2000 francs, et avant la dépréciation du papier monaie, 1200 francs pour l'exercice des mêmes fonctions.

Ce secrétaire-ci a été admis à son poste vers l'an 1795, après avoir prêté le serment par lequel il a voué une haine implacable à la Royauté. S'il en est parmi les employés qui ont prêté ce serment par contrainte, celui-ci a bien prouvé qu'il l'a prêté par inclination, ce qu'il sera facile de voir par plusieurs de ses traits que je vais rapporter. Lorsque cet homme a été introduit aux Quinze-vingts, nous n'avions ni administrateurs ni directeurs dans la maison, c'étoit un des chef de division du Ministre, avec plusieurs aveugles qui présidoient aux délibérations. Comme nous étions fort mal traités par les employés de ce magistrat, plusieurs de mes confrères résolurent, ainsi que moi, d'obtenir du Corps-législatif, une loi d'organisation pour notre établisement. Aussitôt que ce secrétaire en a eû connoissance, il addressa contre nous un exposé le plus diffamatoire et le plus séditieux qu'il soit possible à l'homme le plus méchant de pouvoir inventer, au point qu'il est venu à bout de paralyser l'opération du du travail qu'étoient en train de faire les membres qui en étoient chargés; ensorte que la loi n'a pas eu lieu. Plusieurs de mes confrères étant venus à bout d'obtenir une copie de l'exposé qu'il avoit fait contre nous, nous en donnèrent lecture étant tous rassemblés, mais comme on ne leur avoit point donné le nom de l'auteur, j'en accusai le secrétaire publiquement, lequel ne fit aucun effort pour me le contester. Mais il en a fait beaucoup depuis pour se venger.

Voici un fait qui constate à quel point cet homme étoit dur et insensible. Dans un moment où il savoit qu'il y avoit long-temps que les administrés n'avoient pas reçu de payement, il a donné un repas splendide et bal chez lui, pendant que ces pauvres malheureux étoient exposés à mourir de faim. Il a été aussi l'auteur de plusieurs réglements qui ont eû lieu au préjudice de leurs intérêts. Pendant que le payement en nature à eu lieu, lui ainsi que le directeur ont exercé leur gaspillage en se faisant servir les alloyeaux et les cuisses de bœuf, lorsqu'ils faisoient distribuer aux aveugles les parties de viande les plus inférieures, au lieu de l'argent qui leur étoit dû selon les usages et coutumes, ainsi qu'il est porté sur leur acte d'admission, de même que sur les statuts dudit établissement.

Les commerces illicites de ces derniers, de même que ceux des chefs de la deuxième et troisième division des bureaux du Ministre de l'Intérieur, n'ont pas été préjudicia-

à moi seul, ainsi qu'au administrés des Quinze-Vingts ; ils l'ont été également à l'égard d'une partie des pauvres indigents de cette ville ; en voici une preuve irrésistible, qui est que le Président d'un des Comités de cette capitale m'a fait part qu'un boulanger lui avoit proposé ainsi qu'à ses collègues, de leur fournir du pain blanc pour chacun des pauvres de leur division, de la même qualité qu'aux bourgeois, à raison de deux sous de meilleur marché par pain de quatre livres. Messieurs les employés des bureaux du Ministre de l'Intérieur n'ont pas trouvé cette proposition admissible, parce qu'elle auroit affoibli les intérêts de leurs fournisseurs avec lesquels ils partagent le bénéfice. C'est parce que j'ai mis au jour une partie de leur trafic secret que depuis dix-huit ans consécutifs il n'ont cessé de me vouer une haine implacable, de même qu'ils l'ont fait avec serment par écrit, à l'égard des Rois et de la Royauté, mais je leur ferai retirer les pouvoirs qu'ils ont de faire le mal, en proposant à SA MAJESTÉ LOUIS XVIII de substituer à leur place des hommes qui en sont plus dignes, et à qui elles appartiennent avec plus de droit et de légitimité.

Dans tout ce qu'ils ont fait contre moi, ils n'ont consulté que leurs passions et leur vengeance, mais dans tout ce que j'ai fait à leur égard je n'ai consulté que Dieu et ma conscience, c'est pourquoi le Seigneur m'a donné des moyens qu'il veut que je mette en usage pour les abattre, et en conséquence étant soutenu de sa protection divine, je les ferai descendre de plusieurs degrés, et ils ne tarderont pas à changer de classe. Lorsqu'ils m'ont intercepté les voies pour parler à leurs supérieurs, ils savoient qu'ayant perdu ma fortune, que je n'avois pas la faculté de les traduire à la Cour de Justice criminelle, où j'aurois pu les contraindre à déposer sous les yeux de leurs juges, les trois pièces de conviction qu'ils ont dans leurs mains; dont la première est celle du placement de mes fonds. La deuxième celle de mon admission, et la troisième, celle de ma démission, lesquelles, au préjudice de leur honneur, auroient pu servir à justifier ma cause, et à réfuter toutes sortes de mensonges qu'ils ont mis en avant pour flétrir ma réputation et me perdre dans l'esprit des gens de bien qui m'ont honoré de leur protection ; mais puisqu'ils ne rougissent pas d'entretenir les mêmes intentions criminelles qu'ils ont manifestées contre moi, sous le règne des gouvernemens précédens, il est donc aussi nécessaire qu'indispensable que je les force à rendre les armes au Prince qu'ils n'aiment pas, puisqu'ils persistent à le lui prouver non seulement par écrit, mais encore par leurs faits.

DISCOURS

A

Sa Majesté LOUIS-LE-DÉSIRÉ,

ROI DE FRANCE ET DE NAVARRE.

Sire,

L'amour que je ressens pour mon Dieu, l'attachement que j'ai pour mon Roi, et le zèle qui m'anime à secourir mes frères dans leurs besoins, sont autant de motifs essentiels qui m'engagent à mettre sous les yeux de Votre Majesté, les développemens ci-joints, parmi lesquels se trouvent cinq objets de la plus haute importance, qui chacun d'eux sollicitent de la part de Votre

MAJESTÉ, le plus grand intérêt et la plus sérieuse attention.

Le premier est la pension de 233 francs que le Cardinal de Rohan a distraite aux aveugles de la corporation des Quinze-vingts, ainsi que je l'ai spécifié dans la première partie de cet ouvrage, page 11 ligne 18. Il est spécialement nécessaire que VOTRE MAJESTÉ la leur fasse restituer, non seulement parce qu'elle est très-utile pour leur existence, mais encore parce qu'elle est une suite de celle que Saint-Louis votre honorable père avoit accordé aux militaires qui avoient perdu la vue dans sa croisade, au-delà des mers. Il leur avoit fixé cette pension à 36 francs par an, avec le droit de faire des quêtes dans les Eglises et maisons de votre capitale, mais cette pension s'étoit augmenté progressivement par les héritages qu'y avoit laissé chacun des administrés.

D'après les renseignemens positifs que j'ai eus, il n'est que trop certain que l'aveugle qui a fait la déclaration que la quête ne leur rapportoit que 20 sous par jour, étoit un homme soudoyé par les courtisans de leur supérieur général, vû qu'au lieu de cette somme elle leur rapportoit 4 francs par jour; mais l'on ne peut pas être surpris, s'il ne s'est trouvé aucun des administrés pour réfuter ce mensonge, attendu que pour la plus légère parole que l'un de ce nombre ôsoit mettre en avant, qui étoit dans le cas de déplaire à leur supérieur général, celui-ci les fesoit renfermer pour deux ou trois ans dans la maison de Bicêtre.

Le second renferme les dix-sept mois d'arriérés qui sont dus aux administrés, ainsi que je l'ai démontré dans la deuxième partie de cet ouvrage page 19 ligne 7.

Il importe essentiellement que Votre Majesté fasse liquider cette somme non seulement aux administrés qui éxistent, mais encore aux héritiers de ceux qui sont décédés. Attendu que cette liquidation pourroit mettre les enfans ou neveux de ceux qui en ont laissé à portée de faire des établissemens qu'ils ne pourroient pas former sans cela. Or ce seroit un bien qui ne pourroit produire qu'un autre bien. Ceux qui ont laissé des veuves, Votre Majesté pourroit leur en faire payer une rente viagère pour adoucir leur existence.

Le troisième est la pension des Quinze-vingts, de laquelle je me suis démis pour ne vouloir vivre que du fruit de mon travail, ainsi que j'en ai rapporté le résumé dans la seconde partie de cet ouvrage, page 20 ligne 23.

Or le gouvernement, m'ayant retiré la faculté d'éxercer mon art, a détruit lui-même la clause et le motif sur lequel je l'avois fondé, par ce moyen ma démission se trouvoit nulle et de nul effet. Si le gouvernement avoit été composé d'hommes justes et équitables, j'aurois eu droit de rentrer en jouissance de ma pension, qui m'auroit dû être payée à l'instant sur les fonds disponibles des Quinze-vingts, sans être obligé d'attendre qu'il y eût une place de vacante ou non : je désire donc qu'il plaise à VOTRE MAJESTÉ de me faire restituer ma pension ou les 2000 francs que j'avois sacrifiés pour l'obtenir. Si VOTRE MAJESTÉ préfére que ma pension me soit restituée, je désire qu'il lui plaise d'ordonner qu'elle me soit payée dans toute sa plénitude avec la liberté d'en jouir dans le quartier que j'habite près l'église Saint Roch, où je suis connu, depuis trente-six ans, des honnêtes gens de mon voisinage, dans lequel je désire vivre et mourir en paix.

Le quatrième est que, si Votre Majesté veut mettre en exécution les trois précédents, il est nécessaire qu'il lui plaise de renouveler l'administration des Quinze-vingts, quant aux membres qui la composoit à l'époque du premier avril 1814, depuis le premier jusqu'au secrétaire et directeur de cet établissement. S'il en est dans la minorité de ce nombre qui soient honnêtes, comme je me le persuade, ils ne peuvent qu'applaudir à cette mesure, attendu que si la majeure partie avoit été composée d'hommes délicats, ils vous auroient proposé eux-mêmes de remplir les trois objets précédents, ce qui constate le peu d'attention qu'ils ont eu à suivre es statuts et réglements qui établissent les droits de leurs administrés.

Lorsque Votre Majesté a été de retour dans cette Capitale, au lieu de s'empresser de solliciter auprès de vous la suppression du payement en nature, qui étoit contraire aux intérêts de leurs administrés, ils ont attendu que ceux-ci vous l'ayent réclamée eux-mêmes. Celui qui aime Dieu, accomplit sa loi, mais ceux-ci n'ont pas donné de preuves d'attachement à ce principe. Celui qui aime Dieu, aime les pauvres, mais ceux-ci par leur conduite vous ont fait voir qu'ils n'aiment ni l'un ni l'autre. Celui qui aime Dieu, aime son Roi, et celui qui aime son Roi aime ses sujets : ils vous ont également prouvé, qu'ils n'aiment ni l'un ni l'autre.

Sire, mon intention n'est pas d'abuser de votre confiance, et pour vous en convaincre je désirerois qu'il plaise à Votre Majesté de vous transporter aux Quinze-vingts, et d'y interroger vous-même les plus anciens membres, afin de vous assurer si leurs droits que je défends sont bien fondés ou non. Cette démarche de Votre Majesté ne pourroit être qu'extrêmement agréable à Dieu.

Le cinquième consiste en ce qu'il y a dans votre Capitale, un grand nombre de vos sujets fidèles, qui vous ont suivi constamment dans les terres étrangères, pendant un grand nombre d'années, dans l'espace desquelles ils ont perdu toute leur fortune, et se trouvent maintenant sans argent, sans occupation et sans ressource. J'ai l'honneur d'en connoître un qui est de la noblesse, et qui à perdu 100 mille francs dans son émigration, lequel, dans le courant de Juin 1815, s'est trouvé sans asile : je l'ai retiré chez moi où il a passé une nuit sur mes chaises, ne pouvant le coucher plus commodément. Il n'avoit pas d'argent ; je lui ai donné de quoi acheter un pain de quatre livre et se procurer du tabac pour plusieurs jours. Dans divers époques j'ai reçu des secours de plusieurs personnes honnêtes d'entre les nobles, de même réciproquement j'en ai rendu avec plaisir dans plusieurs circonstances, à diverses personnes de cette classe : si je les repette, c'est bien moins pour m'attirer des suffrages que pour démontrer qu'il n'est pas nécessaire d'être riche pour exercer la charité chrétienne ; il suffit seulement d'avoir du goût pour accomplir ce précepte, ce qui est facile à concevoir, puisque je suis réduit à coucher sur la paille et a marcher sans guide dans les rues de votre capitale, pour gagner ma vie en vendant des brochures de piété. Certaines personnes se persuadent que je vois, par les rues difficiles que je parcours, mais elles se trompent, lorsque je ne vois pas tant par mes yeux que par mes mains, puisqu'avec mes mains je vois au toucher, et qu'avec mes yeux je ne vois rien. Ces personnes ne pensent pas, qu'avec du courage et une parfaite confiance en Dieu, l'homme fait beaucoup de choses. Il y a des hommes à talent dans votre Capitale, qui possèdent des sciences les plus célébres. Cependant aucuns de ce nombre ne vous ont mis sous les yeux, les principaux objets dont j'ai l'honneur de vous entretenir, tandis que moi qui ne suis qu'un ignorant, j'en ai exécuté le dessein.

Jésus-Christ, dans le texte sacré de son Evangile, nous dit de rendre à César ce qui est à César, et à Dieu ce qui est à Dieu. Or je crois rendre à César ce qui est à César, en proposant à VOTRE MAJESTÉ les cinq objets dont-il s'agit, afin que par leur exécution, vous soyez à même de rendre à Dieu ce qui est à Dieu, en faisant liquider aux membres des Quinze-vingts, ce qui leur est dû dans plusieurs cas, de même qu'en substituant des hommes honnêtes aux places de ceux qui ne le sont pas.

AUTRE OBSERVATION.

SIRE,

JE ne suis ni saint, ni prophête, je suis au contraire un homme coupable devant Dieu et rempli de défauts. Cependant il est vraisemble que le Seigneur a voulu se servir de moi, misérable individu, pour vous faire connoître les cinq objets dont il s'agit, et vous mettre à portée de les faire exécuter; et pour vous en faire sentir la nécessité je rapporterai ici plusieurs passages de l'Ecriture sainte au livre des Rois, par lesquels nons voyons que le premier de ce nombre a perdu son ame pour avoir négligé d'accomplir la volonté de Dieu. Tandis que son successeur, après avoir consulté l'oracle du Seigneur, sur la famine qui pressoit sur son peuple, et avoir fait ce que l'oracle lui avoit prescrit, il a eu le bonheur de conserver le titre précieux de Roi, choisi selon le cœur de Dieu.

SIRE,

Après avoir rendu au Seigneur, a cet égard l'homage de ma reconnoissance, puisse VOTRE MAJESTÉ agréer à la fois celui du respect le plus profond, avec lequel je suis

de VOTRE MAJESTÉ,

Le très-humbles et très-obeissant, serviteur,

GILLES.

DISCOURS

AU PEUPLE FRANÇAIS.

Mes Frères, ayant passé vingt-cinq années dans l'étendue desquelles nous avons eu pour gouverneur, des hommes dont la pluparts étoient aussi injustes qu'irréligieux. Le Seigneur dans sa miséricorde nous a rendu à notre patrie des Princes que nos iniquités lui avoient donné lieu d'en éloigner. Quelle reconnoissance ne devons-nous pas offrir à la bonté suprême de notre Sauveur pour un si grand avantage ; de même que pour tant d'autres grâces dont il nous a favorisés, notamment celle de nous avoir fait naître dans la foi de l Eglise Catholique, et dans un pays fertile, dont la douceur du climat l'emporte sur celle des contrées de toutes les puissances de l'univers, puisque la France par la modération de sa température et la richesse de ses productions, attire dans son sein la curiosité des peuples de toutes les nations ! Ah ! si nous en avons eu parmi nous de ces derniers qui nous ont fait subir des pertes immenses, il ne faut pas néanmoins que cet inconvénient irrite en aucune manière notre humeur, puisqu'enfin le mal ordinairement retourne à son auteur. Nous en voyons un fait incontestable dans Napoléon Bonaparte, lequel, après avoir distrait 100 mille Francs à la corporation des Quinze-vingts et avoir fait répandre le sang d'une partie des Français, pour satisfaire son ambition et ses caprices, le Seigneur l'a puni en permettant que trois fois de suite il soit vaincu par ceux mêmes desquels il avoit été le vainqueur. C'est donc par cette fatalité, qu'au lieu des titres d'Empereur et Roi et de Protecteur qu'il s'étoit attribués, il s'est rendu esclave de ses ennemis, et à la fois plus malheureux que les plus aplaindre de ses victimes.

A vous, jeunes femmes, il vous a arraché des bras vos maris, et vous, jeunes enfans, il vous a privés de vos pères. A moi en particulier, il m'a enlevé mon fils unique, et par l'effet d'une de ses loix tyranniques, il m'a exposé à mourir de faim. Cependant je vous invite tous à penser comme moi à son égard, vu que je n'éprouve dans le secret de mon ame aucun ressentiment d'inimitié envers lui: je desire au contraire qu'il plaise au Seigneur de lui inspirer toutes les dispositions dont il a besoin pour se livrer à la pénitence et opérer une sincère conversion, joint à ce que si le nombre des crimes qu'il a commis est considérable, la miséricorde du Seigneur est plus considérable encore. C'est donc un motif bien puissant pour l'engager à revenir à Dieu, et à s'occuper du salut de son ame. Le Seigneur a puni de même le Cardinal de Rohan; mais il ne faut pas que l'aperçu que je vous ai mis sous les yeux des prévarications qu'il a commises vous donnent matière en aucune circonstance à mépriser les prêtres, attendu que si j'ai mis au jour ses prévarications, c'est afin d'éviter qu'aucune personne d'entre les nobles ne se présentent aux ordres écclésistiques à moins que ce ne soit avec des dispositions saintes et une piété consommée; car à quel point seroient à plaindre ceux de ce nombre qui auroient le malheur d'imiter le Cardinal de Rohan, vu que cet homme du plus haut rang n'avoit pour l'état de prêtre ni le goût, ni la vocation, ni le penchant, ni l'inclination, puisque les traits déshonorants dont il s'est rendu coupable ayant été pour lui aussi honteux que diamétralement opposés à l'esprit de l'église, ne peuvent permettre en aucune manière de le comparer à ceux de nos prêtres en général, qui nous annoncent l'Evangile dans toute sa pureté, et qui le pratiquent avec une dévotion efficace et une solide piété, ainsi que nous avons vu Saint François de Sales, évêque de Genève; M. de Bossuet, évêque de Maux, réunis à tant d'autres ecclésiastiques de la noblesse et de toutes les classes, qui nous ont prouvé par les ouvrages précieux qu'ils nous ont laissés, et les œuvres austères qu'ils ont pratiquées, le zèle qu'ils avoient de concourir à la propagation de la foi, et à l'affermissement de notre religion!

Mes frères, attachons-nous donc de même que ces dignes Ecclésistiques à aimer le Seigneur, à le servir et à le glorifier dans toutes les heures de notre vie ; afin qu'après notre mort nous ayons aussi le bonheur de l'aimer, de le bénir et de l'adorer avec ses élus pendant toute l'éternité. Ainsi soit-il.

―――

Fait, à Paris, ce 2 Janvier 1816, par moi Bernard-François GILLES, natif d'Amboise, jadis Organiste des Révérends Pères Carmes de Pont-l'Abbé, près Quimpert, département du Finistère ; Aveugle Membre des Quinze-vingts, Démissionaire, et ci-devant Pianiste des Champs-Elisées.

De l'Imprimerie de J. M. EBERHART, rue du Foin Saint-Jacques, Nº 12.